Extrait de la *Revue des Questions historiques*

LA

SUPPRESSION DES TEMPLIERS

PAR

J. Delaville Le Roulx

PARIS

BUREAUX DE LA REVUE

5, RUE SAINT-SIMON, 5

—

1890

Extrait de la *Revue des Questions historiques*, juillet 1890.

LA
SUPPRESSION DES TEMPLIERS

PAR

J. Delaville Le Roulx

PARIS
BUREAUX DE LA REVUE
5, RUE SAINT SIMON, 5
1890

LA SUPPRESSION DES TEMPLIERS

Le mystère qui entoure la suppression de l'ordre du Temple, et la tragédie sanglante qui la consomma en France, ont laissé, après bientôt six siècles, dans l'imagination populaire, des souvenirs si vivaces, une curiosité si inquiète, que tout nouvel essai de dissiper les ténèbres dont la chute des Templiers est enveloppée, est assuré de recueillir, dans le monde de l'érudition comme auprès du grand public, l'accueil le plus sympathique et le plus encourageant.

Depuis que Boutaric [1], en apportant des documents nouveaux, et en faisant connaître les sentiments qui animaient les acteurs principaux du drame, Philippe le Bel et Clément V, donnait à l'étude de ce problème le point de départ le plus solide, la question des Templiers est restée constamment ouverte : elle n'a cessé de préoccuper les historiens ; chacun s'est empressé d'apporter sa pierre à l'édifice, et, dans ces dernières années surtout, les matériaux ont abondé à pied-d'œuvre.

De quelle qualité sont ces matériaux [2] ? les assises apportées suffiront elles à supporter le monument ? faudra-t-il retourner à la carrière, et celle-ci a-t-elle dérobé jusqu'ici aux efforts de ceux qui l'exploitaient le banc de pierre dure sans lequel la construction ne saurait être durable et définitive ? Autant de questions auxquelles le présent travail se propose de répondre.

[1] *Clément V, Philippe le Bel et les Templiers*, dans la *Revue des Questions Historiques*, t. X, p. 311, et t. XI, p. 5.

[2] Voici les principaux ouvrages d'après lesquels nous avons composé le présent travail : Docteur K. Schottmüller, *Der Untergang des Templer-Ordens*, 2 vol. in-8° (Berlin, 1887, Mittler et fils) ; — Lavocat, *Procès des frères et de l'ordre du Temple*, 1 vol. in-8° (Paris, Plon, 1888) ; — Docteur Hans Prutz, *Entwicklung und Untergang des Tempelherrenordens*, 1 vol. in-8° (Berlin, Grote, 1888) ; — H. de Curzon, *La Règle du Temple*, 1 vol. in-8° (Paris, Renouard, 1886) ; — H. de Curzon, *La Maison du Temple de Paris*, 1 vol. in-8° (Paris, Hachette, 1888) ; — L. Delisle, *Mémoire sur*

I

La région qui s'étend entre la Champagne et la Bourgogne, aux confins de ces deux provinces, est à la fin du XIe et au commencement du XIIe siècle le centre d'un mouvement considérable de fondations monastiques ; en quelques années, elle voit naître sous l'impulsion de saint Robert l'abbaye de Molême (1175), et sous le patronage de saint Bernard la filiation cistercienne de Clairvaux (1115). C'est au même enthousiasme de foi religieuse que se rattache en 1118 la fondation de l'ordre du Temple, institué en Terre Sainte pour combattre les infidèles par des enfants de la Champagne et de la Bourgogne, et doté par eux de possessions territoriales dans ce même pays de Molême et de Clairvaux.

Dans un pareil milieu, l'ordre nouveau devait prendre un développement rapide ; la règle qu'il avait reçue à son berceau, et que des additions successives complétèrent, assura son organisation intérieure, sa hiérarchie et sa discipline conventuelles [1]; l'élan auquel il devait la naissance se propagea, sans interruption, en France d'abord, à l'étranger ensuite, et on peut dire qu'à la fin du XIIe siècle, à peu d'exceptions près, les commanderies du Temple étaient constituées dans toute la chrétienté.

L'exemple donné par Thibaut VI, comte de Champagne et de Brie, qui avait pris sous sa protection l'institution nouvelle, et dont le frère Hugues s'était fait inscrire parmi les premiers chevaliers [2], avait porté ses fruits ; à sa suite les souverains, comme les rois de France et d'Angleterre, les grands feudataires, comme les comtes de Flandre, de Provence et d'Urgel, et les particuliers [3] avaient comblé le Temple de biens et de privilèges. Au delà des

---

les opérations financières des Templiers, 1 vol. in-4º (Extr. des *Mémoires de l'Académie des Inscriptions et Belles-Lettres,* t. XXXIII, 2ᵉ partie, Paris, impr. nat., 1889).

[1] V. H. de Curzon, *La règle du Temple,* passim ; Knöpfler, *Die Ordensregel der Tempelherren,* dans *Historisches Jahrbuch,* 1887, p.665-95; Prutz, *Die Templerregel* dans *Königsberger Studien,* I, p. 147-180.

[2] Tardif, *Monum., hist.,* I, nº 521.

[3] Prutz, *Entwicklung,* p. 14-27.

Pyrénées, dès 1134, les Templiers étaient, concurremment avec
le Saint-Sépulcre et l'Hôpital, institués héritiers d'un royaume
par Alphonse I, roi d'Aragon et de Navarre, et cet héritage, qui
ne leur fut pas dévolu, leur procura d'importantes compensations
territoriales [1]; en Castille leurs progrès sont analogues, mais nulle
part ils ne sont plus étonnants qu'en Portugal ; appelés en 1128
par la reine Thérèse pour combattre les Maures, ils poursui-
vent, de concert avec la couronne, la conquête du pays et se
créent une influence politique et une situation absolument exceptionnelle [2]. Auprès du Saint-Siège ils trouvent la même faveur
qu'auprès des pouvoirs séculiers; la série des bulles apostoliques promulguées pour eux montre assez l'importance sans
cesse croissante des franchises arrachées à la cour de Rome;
grâce à elles, le Temple s'organise fortement et prend vis-à-vis
des pouvoirs religieux une attitude d'indépendance complète;
effrayé le concile de Latran (1179) tâche, mais en vain, d'enrayer
le mouvement ; il est forcé d'en supporter les conséquences
extrêmes, et, de concession en concession, l'ordre achève,
au milieu du XIII⁰ siècle, à l'égard des autorités religieuses,
l'œuvre d'émancipation à laquelle il a travaillé sans relâche
pendant un siècle [3].

Cette œuvre il la poursuit, en même temps, à l'égard des autorités civiles, et là encore le succès couronne ses efforts. Si, en
Portugal et dans la péninsule Ibérique, les Templiers, malgré
l'importance territoriale de leurs biens, restent soumis à la
royauté et ne secouent jamais la dépendance royale, cette attitude est exceptionnelle [4]. Ailleurs, en Angleterre par exemple,
l'ordre ne tarde pas à s'affranchir des services dûs à la couronne.
Il en va de même en Normandie sous la domination des souverains anglais comme sous celle des rois de France [5] ; en Flandre

[1] Havemann, *Ausgang des Tempelherrenordens* (Stuttgart et Tübingen,
1846, in-8°) p. 155.
[2] Schäfer, *Gesch. von Portugal*, I, p. 72.
[3] Prutz, ch. III et IV (p. 28-57).
[4] Prutz, ch. V (p. 58-73).
[5] 28 août 1199. Jean-sans-Terre prend les Templiers sous sa protection,
les exempte de tous les impôts, charges et services féodaux dus aux autorités civiles, et leur concède l'exercice de la justice dans tous les cas n'en-
traînant pas la peine de mort (Prutz, p. 296, n° 2).

les sujets du Temple échappent à la juridiction du comte (1225) [1].
A Provins les chevaliers ont tellement augmenté leurs établis-
sements qu'au commencement du xive siècle ils possèdent toute
la vicomté en franc-alleu, et autorisent le roi de Navarre à ame-
ner chaque année quarante tonneaux de vin dans la ville [2].

En France comme dans les grands fiefs environnants, ils sont
parvenus à une indépendance presque absolue. Exemptés des
droits de chancellerie par Philippe-Auguste (1191) en souvenir
des services rendus en Terre Sainte [3], confirmés dans toutes
leurs possessions par saint Louis (juillet 1258) qui, cependant,
n'aimait pas amoindrir les droits de la couronne [4], ils font, malgré la résistance croissante de l'autorité royale et du parlement, des progrès journaliers [5]. A Paris même, ils prennent une
position particulière ; s'ils renoncent, par accord passé avec Philippe le Hardi (août 1279) à exercer les droits qu'ils tiennent du
fait de leurs maisons situées dans l'intérieur de la ville, et les
abandonnent au roi ; en revanche, ils obtiennent dans leurs possessions des faubourgs, autour de leur commanderie, une liberté
absolue, la haute et basse justice et les droits seigneuriaux les
plus étendus. C'est une « ville neuve » qu'ils fondent à l'ombre
de leurs remparts, centre d'un petit état indépendant vis-à-vis
des pouvoirs religieux et temporel, ayant ses soldats, sa police,
sa juridiction, ses finances propres et groupant autour de lui des
sujets chaque jour plus nombreux [6]. Ce n'est pas du tout : pré-
curseurs ou émules des sociétés italiennes, ils tiennent entre

[1] Kervyn de Lettenhove, *Histoire de Flandre*, III, 19.

[2] *Bibl. de l'Ecole des chartes*, 1858, p. 173 et suiv. ; Prutz, p. 310, n° 1.

[3] Prutz, p. 296, n° 1 (d'après Arch. nat. K 26, n° 17²); la même pièce est
reproduite en fac-simile (d'après British Museum, *Add. chart.*, 11266) par la
Palœographical Society, 2e série n° 61.

[4] Prutz, p. 297, n° 3.

[5] 1257. Le Parlement exempte les habitants de Châlons de moudre aux
moulins du Temple et de cuire leurs pains à ses fours (*Actes du Parlement*,
n° 62). — Mai 1273. Le Parlement condamne le Temple à contribuer à la
réparation d'un pont à Villeneuve, près de Sens (*ib.*, n° 1918). — 1258 et
fév. 1259. Le Parlement rejette les prétentions du Temple à la haute
justice (*ib.*, n° 298). — 1260. Même arrêt contre les Templiers d'Eterpigny
(*ib.*, n° 502). — 1276. Le Parlement condamne à une amende les Templiers
qui, près d'Issoudun, ont arrêté un laïque qu'ils prétendaient membre de
l'ordre (*ib.*, n° 2025).

[6] Prutz, p. 298, n° 5. En juillet 1282, un accord ménagé par le roi
intervient entre le Temple et la boucherie de Paris (Prutz, p. 299, n° 6).

leurs mains une grande partie des capitaux de l'Europe ; banquiers ou trésoriers du Saint-Siège, des princes, des rois et de beaucoup de particuliers, ils sont, au XIIIe siècle, mêlés à toutes les opérations financières : dépôts, prêts, consignations, transmission de numéraire, recouvrements de créances, etc... Ils deviennent ainsi indispensables ; leurs rapports financiers avec les rois de France sont, pendant plus d'un siècle, si étroits, que le trésor royal est au Temple, que les comptes des fonctionnaires royaux y sont reçus, que les encaissements se font par les soins de l'ordre, et les payements en province par les baillis sur les indications du trésorier du Temple [1],

Telle est, à la fin du XIIIe siècle, la situation prépondérante que les Templiers ont prise en France ; ils sont pour la royauté un danger permanent ; quelles mesures prendra-t-elle pour le conjurer ?

II

Les Templiers, à cause de leur situation dans le royaume, échappaient à l'autorité de Philippe le Bel, et personne n'était moins disposé que ce prince à s'accommoder d'un pareil état de choses. Leurs acquisitions incessantes de biens de main-morte se faisaient au détriment du trésor royal, puisqu'une communauté comme la leur n'aliénait jamais et, par suite, ne payait ni droit de rachat et de relief, ni lods et ventes ; en même temps la puissance territoriale de l'ordre augmentait, et avec elle l'indépendance vis-à-vis du pouvoir royal. Philippe le Hutin s'était flatté d'arrêter le développement des biens de main-morte en défendant aux associations religieuses, par l'ordonnance *Ecclesiarum utilitati*, l'acquisition de fiefs et alleux [2]. Le Temple n'avait tenu aucun compte de cette prohibition ; pour la faire respecter, Philippe le Bel avait confisqué tous les biens que

---

[1] Tout ce qui concerne le rôle financier de l'ordre a été récemment mis en lumière par M. L. Delisle, dans un *Mémoire sur les opérations financières des Templiers.*

[2] Cette ordonnance de Philippe III nous est connue par la confirmation de Philippe le Bel, donnée le 16 septembre 1289. (Baudoin, *Lettres inédites de Philippe le Bel.* Paris, 1887, p. 211.)

l'ordre avait acquis pendant les trente dernières années, c'est-
à-dire depuis la confirmation générale de saint Louis en 1258 ;
mais il n'avait pas tardé à comprendre l'impossibilité de main-
tenir cette confiscation, et s'était résigné à l'annuler (18 fév.-12
mars 1287, 3 juill. 1290 et 24 mars 1292) [1]. Dans les années qui
suivirent, malgré quelques menaces de conflits, le roi vécut, du
moins en apparence, en bonne intelligence avec le Temple, dont
il renouvela ou confirma les privilèges et les franchises [2] ; son
intérêt n'était-il pas de ménager un voisin puissant dont l'appui,
dans les luttes soutenues par la couronne, pouvait être décisif ?
Ignorait-il que les coffres et les trésors des Templiers ne s'ouvri-
raient pour lui qu'en raison des bons services qu'il leur aurait
rendus ?

Cette attitude masquait les véritables projets de Philippe le
Bel ; celui-ci concluait, le 10 avril 1303, avec le visitateur général du Temple, Hugues de Perraud, un traité d'alliance dirigé
contre Boniface VIII [3]. Si, au mois de juin suivant, il promul-
guait une confirmation générale de toutes les possessions et acquisitions des Templiers [4], c'est qu'il avait besoin de ne les avoir pas
pour adversaires. La royauté, en effet, traversait une crise re-
doutable ; les défaites de Flandre, la querelle avec la papauté,
l'altération des monnaies l'avaient ébranlée et presque compro-
mise. Philippe le Bel comprit qu'il fallait avant tout s'attacher les
Templiers et il n'hésita pas à traiter avec eux.

Mais, dès que le danger fut conjuré, il se rappela que la
puissance de l'ordre tenait sa propre puissance en échec ; que,
dans une circonstance récente, il n'avait dû, pendant une sédi-
dition populaire, son salut qu'au refuge trouvé dans l'enceinte du

[1] Prutz, p. 302-3, nos 10-13.

[2] 30 janvier 1293. Philippe le Bel confirme l'acte de Philippe le Hardi,
d'août 1279, relatif aux biens et à la justice du Temple dans Paris et dans
les faubourgs. — Novembre 1294. Le même confirme aux Templiers toutes
leurs nouvelles acquisitions en Brie. — Février 1295. Le même renouvelle
la franchise accordée par Louis VII à un navire chargé de marchandises
à l'usage du Temple. — Février 1295. Le même confirme aux Templiers
leurs biens dans les bailliages de Senlis et de Sens et dans la prévôté de
Paris. — 4 Mars 1295. Le même ordonne aux baillis de ne pas contraindre
les gens du Temple à acquitter la taille due au roi (Prutz, p. 303-5, nos 14-
18).

[3] Prutz, p. 306, no 20.

[4] Prutz, p. 307, no 21.

Temple (fin juin 1306) ; qu'il était temps d'endiguer le torrent
dont le cours, depuis la perte de la Terre Sainte, s'était détourné
de la Palestine et menaçait l'Occident ; que la France, devenue
le siège de la grande maîtrise, était plus directement exposée
que les nations voisines. Il songea que ses finances appauvries
s'accommoderaient assez des richesses mobilières et immobi-
lières des Templiers, et chercha le moyen de se les approprier.
L'abandon de la Palestine par le Temple, tandis que les Hospitaliers se réfugiaient à Chypre, le refus que celui-ci avait
constamment opposé aux projets de fusion des ordres militaires,
rêvés par le Saint-Siège et agités dans tous les conciles [1],
étaient faits pour indisposer l'opinion publique, et montraient
l'égoïsme de sa conduite. On l'accusait hautement d'avoir été la
cause de la perte de la Terre Sainte, et, dans le passé, celle de
la prise de saint Louis à Damiette ; souvent, disait-on, — et les
faits donnaient raison à ces imputations — il avait trahi ses
alliés chrétiens en traitant individuellement avec les infidèles.
Retiré en Occident, il s'était désintéressé des choses de la croisade, et méconnaissait le but pour lequel il avait été créé. Le
moment semblait favorable pour l'attaquer : Philippe le Bel le
saisit au printemps de l'année 1307, en dénonçant, d'abord par
lettre, puis de vive voix, à Poitiers, au pape Clément V, la conduite des Templiers.

Le souverain pontife repoussa d'abord avec indignation les
révélations du roi de France ; mais, devant l'insistance de celui-
ci, il s'informa autour de lui, et notamment auprès du grand-
maître du Temple, Jacques de Molay, qu'il avait précisément
appelé à Poitiers avec le grand-maître des Hospitaliers pour
traiter la question d'une nouvelle croisade. Ces premières infor-
mations ébranlèrent l'opinion de Clément V : le 24 avril 1307, il
faisait part à Philippe le Bel de ses doutes, de son anxiété et de
sa résolution d'ouvrir, au mois d'octobre suivant, une enquête
régulière sur les griefs imputés à l'ordre [2].

---

[1] Saint Louis, Grégoire X au concile de Lyon en 1274, le roi Charles II
de Sicile, avaient songé à cette mesure ; pendant l'été de 1307, les grands
maîtres du Temple et de l'Hôpital, venus à Poitiers auprès du pape, furent
consultés sur la fusion ; Molay la repoussa (Baluze, *Vitæ paparum Avi
nionensium*, II, 180 ; Delaville Le Roulx, *France en Orient*, I, 57).

[2] 24 août 1307. Lettre de Clément V à Philippe le Bel. Baluze, (*Ib.* II, 73)
l'a datée à tort de 1305.

Cette sage circonspection du pape ne répondait pas à l'impatience du roi. L'enquête promise, instruite lentement, ne pouvait se terminer avant longtemps ; aussi Philippe le Bel se décida-t-il à prendre les devants. Dès le mois de septembre, il agita, avec les conseillers de la couronne, la question de l'arrestation des chevaliers, et la résolut ; au nom de l'inquisiteur général, Guillaume Imbert, il ordonna à ses sénéchaux et baillis d'arrêter tous les Templiers de ses états comme coupables de crimes contre la foi [1]. Le détour était habile ; le bras séculier, en se faisant l'exécuteur des décisions de l'Église, restait dans la stricte légalité. Les Templiers, et parmi eux le grand-maître Molay, furent tous arrêtés et emprisonnés en même temps par les agents de Philippe le Bel, le 13 octobre 1307.

Cette mesure violente, que suivit sans délai un commencement d'instruction mené par l'inquisiteur (19 oct.-24 nov.) contre les prisonniers, surprit Clément V et le frappa d'une douloureuse indignation ; aussitôt il écrivit aux archevêques de Reims, Bourges et Tours (24 octobre) [2] et à Philippe le Bel (27 octobre) pour protester de toute la force de son autorité apostolique contre l'atteinte portée à son pouvoir, pour accréditer auprès du roi de France deux cardinaux, et pour prier celui-ci de faire remise entre leurs mains des biens et des personnes des captifs [3]. Philippe le Bel, sentant que sa proie allait lui échapper si le pape prenait l'affaire en mains, fit aux envoyés du Saint-Siège un cordial accueil, leur promit tout ce qu'ils voulurent, et, afin d'éviter toute apparence de confiscation à son profit, nomma des administrateurs spéciaux aux biens du Temple ; mais en même temps il répondait au pape en le menaçant du procès contre la mémoire de Boniface VIII, que celui-ci différait toujours, et obtenait, par cette menace, que Clément V ordonnât à tous les souverains de la chrétienté d'arrêter les Templiers dans leurs états (22 novembre 1307) [4]. Enfin, comme la

---

[1] 14 sept. 1307. Lettre de Philippe le Bel au bailli de Rouen (Boutaric, *Revue des questions hist.*, t. X., p. 327).

[2] D'Achery, *Spicilegium*, I, 356.

[3] Bérenger de Frédole et Etienne de Susy. Le texte de la lettre du pape est dans Boutaric (*Revue des questions hist.* t. X, p. 332).

[4] Bulle *Pastoralis preeminentie solio* (Rymer, *Acta publica Angliæ*, I, 99 ; Dupuy, *Condamn. des Templ.*, p. 194). Philippe le Bel avait pris les devants en sollicitant directement cette arrestation.

papauté ne disposait ni d'une force constituée pour garder les prisonniers, ni d'un personnel de fonctionnaires pour exploiter leurs biens, le roi s'offrit à rester leur geôlier et l'administrateur de leurs richesses [1].

Le commencement de l'année 1308 fut employé par Philippe le Bel à préparer l'opinion publique ; dans ce but, celui-ci inspira les pamphlets de Dubois, son avocat à Coutances [2], l'avis de la faculté de théologie de Paris qui justifiait la conduite du roi au nom de l'absolue nécessité d'agir promptement (25 mars) [3], et surtout les résolutions des États généraux convoqués à Tours le 5 mai 1308. Cette assemblée proclama la culpabilité des Templiers et demanda leur mort [4].

Quand le roi, au lendemain des États, accompagné de la plupart des députés, se présenta à Poitiers devant le pape (mai 1308) [5], il tenait de cette imposante manifestation de la volonté de ses sujets l'autorité nécessaire pour se faire écouter. Il réclamait les Templiers et leurs biens ; devant la ferme attitude du pontife, il dut renoncer à la première de ses demandes et consentir à laisser au Saint-Siège le soin de les juger ; il dut également céder sur le second point et admettre que, si l'ordre disparaissait, les biens et leurs revenus disponibles seraient employés au secours de la Terre Sainte ; mais il fit accepter une clause qui stipulait que pour l'emploi des fonds provenant de ce chef il serait consulté par le pape ; ceux-ci, de la sorte, ne lui échappaient pas entièrement, et il pouvait espérer de l'avenir l'occasion de se les faire adjuger en tout ou en partie [6].

En même temps Clément V, toujours convaincu de l'innocence des Templiers, demandait à les interroger personnellement, et le roi, accédant à ce désir, faisait venir à Poitiers (fin

---

[1] Bulle du cardinal de Préneste, du 13 juillet 1308, *Justum et laudabile*, (Arch. Nat., J 415, n° 10 ; éd. Boutaric, *France sous Philippe le Bel*, p. 137 et *Revue des quest. hist.*, t. XI, p. 16).

[2] *Notices et extraits*, XX[2], 175, 180, 182.

[3] Dupuy, 78.

[4] La circulaire de convocation est du 25 mars (*Notes et extraits*, XX[2], p. 163-165). Les Etats s'ouvrirent le 5 mai (Boutaric, *France sous Philippe le Bel*, p. 448-450).

[5] Il était déjà à Poitiers le 20 mai ; il y resta jusqu'au 30 juillet (Schottmüller, I, 175).

[6] *Revue des quest. hist.*, t. XI, p. 7-9.

juin 1308) soixante-douze d'entre eux [1], choisis parmi ceux qui avaient passé devant Guillaume Imbert les aveux les plus compromettants. Le grand-maître et les grands dignitaires de l'ordre [2], tombés malades à Chinon et incapables de comparaître devant le pape, furent interrogés dans cette ville par trois cardinaux spécialement désignés par le souverain pontife.

Leurs dépositions donnèrent raison au roi ; elles mirent hors de doute le reniement et la profanation de la croix, et, par suite, la culpabilité de l'ordre. Les interrogatoires, cependant, n'étaient plus, comme ceux de l'inquisiteur, accompagnés de menaces de question ou perfidement conduits pour surprendre des aveux. Les accusés étaient libres de parler en toute franchise ; ils s'adressaient à leur chef unique et suprême, à un père plutôt qu'à un juge. Faut-il attribuer les aveux faits par les Templiers, à Poitiers et à Chinon, au souci de ne pas se déjuger, à la présence d'un fonctionnaire royal qui assistait aux séances ? Nous ne le croyons pas ; ils parlèrent à cœur ouvert devant Clément V et nous devons retenir leurs dépositions. Le pape, du reste, en jugea ainsi ; ébranlé par ce qu'il venait d'entendre, il se résigna à faire le procès de l'ordre tout entier [3], et à convoquer à Vienne, pour l'automne de 1310, un concile général chargé de décider du sort des Templiers [4].

Des commissions d'enquête, organisées par le souverain pontife, informèrent contre eux dans toutes les provinces de France et à l'étranger ; celle de Paris, la plus importante parce qu'elle fit comparaître devant elle la plus grande partie des chevaliers arrêtés dans les états de Philippe le Bel, se réunit à Notre Dame, dans la chapelle épiscopale, le samedi 22 novembre 1309 ; ses travaux, plusieurs fois interrompus [5],

---

[1] Ils furent interrogés du 28 juin au 1er juillet 1308. Nous avons les dépositions de trente-trois d'entre eux (Schottmüller, II, 7-71).

[2] C'étaient, outre Jacques de Molay, les précepteurs de Chypre, Raimbaud de Caron, de Normandie, Geoffroy de Charny, d'Aquitaine, Geoffroy de Goneville, et le visitateur général Hugues de Perraud. Ils comparurent à Chinon devant les cardinaux du 17 au 20 août 1308.

[3] *Revue des quest. hist*, t. XI, p. 16.

[4] 12 août 1308. Bulle *Regnans in celis* (Labbe, *Conc.*, XI, 1503 ; *Reg. Clem. V.*, t. III, nos 3626-33).

[5] La commission se constitua le 8 août 1309, mais ne commença ses travaux que le 22 novembre ; elle les prorogea du 30 mai au 3 novembre 1310.

durèrent jusqu'au 26 mai 1311. Nous n'avons pas ici à suivre pas à pas les phases par lesquelles se déroula la procédure d'enquête, à contrôler une à une les dépositions souvent contradictoires, à enregistrer les aveux nouveaux ou les rétractations de déclarations antérieures. L'impression qui se dégage de l'ensemble des témoignages produits devant la commission, c'est que l'ordre se défendit mal. Le grand maître comparut trois fois, mais son attitude fut hésitante ; il se borna à protester contre les imputations dont ses chevaliers étaient l'objet, et demanda à s'expliquer devant le pape [1]. La défense, entravée par les règles de la procédure inquisitoriale qui repoussait l'intervention des conseils et des avocats, ne put être présentée avec l'autorité et le développement que méritaient et l'importance de l'ordre et la gravité des crimes qui lui étaient reprochés. Au milieu du mois de mai 1310, brusquement, le concile provincial de Sens, assemblé à Paris, condamna cinquante-quatre Templiers à être mis à mort, et les livra au bras séculier, qui s'empressa de les envoyer au bucher (12 mai) ; celui de Senlis, présidé par l'archevêque de Reims, Robert de Courtenay, suivit cet exemple et fit brûler neuf d'entre eux (16 mai). Ces exécutions, accomplies au mépris des garanties dues aux accusés, puisque le Saint-Siège n'avait pas autorisé la remise des condamnés au pouvoir séculier, eurent sur les résultats de l'enquête une influence funeste ; les chevaliers se sentirent abandonnés par le pape et à la merci du roi. La politique pontificale, en effet, venait de faire une évolution : l'élection au trône impérial, la reprise du procès contre la mémoire de Boniface VIII, dont Philippe le Bel ne cessait de menacer la papauté, avaient rapproché le pontife du roi ; en outre, Clément V s'était aperçu que, sous peine de se déjuger et de perdre toute autorité, il fallait que l'enquête aboutît à une condamnation.

N'avait-il pas, dans la bulle *Faciens misericordiam* (12 août 1308), proclamé lui même la culpabilité de l'ordre en rendant publics les aveux recueillis à Poitiers, et affirmé le crime d'hérésie ? Dans ces conditions les Templiers ne songèrent qu'à sauver leur tête, et ce sentiment explique leur attitude devant les enquêteurs.

---

[1] 26, 28 nov. 1309 et 2 mars 1310.

L'enquête était générale ; les conciles de Sens et de Senlis, pour les provinces ecclésiastiques de Sens et de Reims, celui de Pont de l'Arche, pour la Normandie [1], et ceux du midi avaient condamné les Templiers dépendant des états du roi de France. Ces assemblées, dans les pays qui échappaient à l'autorité de Philippe le Bel, eurent-elles la même attitude ? Sur quelles enquêtes établirent-elles leurs décisions ? Les accusés trouvèrent-ils auprès d'elles plus de garanties de libre défense qu'en France ? Nous pouvons aujourd'hui, grâce aux documents nouvellement publiés, répondre à ces questions, qui méritent de retenir l'attention de l'historien, mais que celui-ci, exclusivement préoccupé du sort de l'ordre en France, avait jusqu'à ce jour négligé d'approfondir.

III

Quand Philippe le Bel, en octobre 1307, fit arrêter les Templiers dans tout son royaume, son premier soin avait été d'engager les souverains, ses voisins, à imiter son exemple. C'est ainsi que le roi d'Angleterre Édouard II avait été sollicité de prendre une mesure analogue ; mais celui-ci, malgré sa jeunesse, malgré ses projets d'alliance avec une fille de France, refusa de suivre son futur beau-père dans cette voie [2]. Convaincu de l'innocence de l'ordre, il écrivit successivement à son sénéchal d'Agenais, (26 novembre) pour connaître la vérité sur les prétendus scandales imputés aux Templiers de cette région, aux rois de Portugal, de Castille, d'Aragon et de Sicile, (4 décembre) pour les encourager à résister aux sollicitations de Philippe le Bel, et enfin au souverain pontife (18 décembre), pour savoir si l'arrestation des chevaliers avait eu lieu avec son assentiment [3]. Quelques jours plus tard, la réception de la bulle

[1] On ne sait presque rien du concile du Pont de l'Arche; présidé par Bernard de Farges, archevêque de Rouen et neveu de Clément V, il condamna les Templiers au feu en 1310 (G. Bessin, *Concilia Rotomag. prov.*, tab., p. 3).

[2] Il se borna, en répondant à Philippe le Bel, le 30 octobre 1307, à annoncer qu'il s'informerait auprès de son senéchal d'Agenais de la véracité des griefs allégués contre le Temple (Boutaric. *Not. et Extr. de doc. inéd. sous Philippe le Bel...*, Paris, 1861, in-4°, p. 79-80).

[3] Rymer, *Fœdera*, I, pars IV, p. 100, 101 et 102.

Pastoralis preeminentie solio (14 décembre) le désabusait de
ses illusions, et l'obligeait à prescrire à son tour l'emprisonnement des Templiers, dans ses états [1] (15 décembre 1307-10 janvier 1308) ; mais jamais cette mesure ne fut rigoureusement
appliquée. La plupart des chevaliers restèrent dans leurs commanderies et ne furent arrêtés que pour comparaître devant les
enquêteurs pontificaux [2] ; l'abbé de Latigny et le chanoine
Sicard de Faur les interrogèrent vers l'automne de l'année 1309 [3],
et le concile de Londres se réunit le 20 octobre, pour les juger,
sous la présidence de Raoul de Baldoc, évêque de Londres. Les
instructions du Saint-Siège avaient déterminé les points, au
nombre de quatre-vingt sept, sur lesquels l'instruction devait
porter. Elle commença par rechercher si la tenue des chapitres
de réception avait eu lieu la nuit, et dans quel but, s'il ne s'y
était rien passé de contraire à la foi et aux bonnes mœurs, si
les frères y avaient renié le Christ ou adoré des idoles, enfin
s'ils n'avaient jamais douté des sacrements de l'église. Les premiers interrogatoires furent si peu concluants que le concile se
résolut à mettre les accusés au secret [4], à employer la torture
pour provoquer leurs aveux [5], et à recevoir les dépositions de
témoins étrangers à l'ordre. Malgré ces mesures de rigueur,

[1] 15 déc. 1307. Edouard II ordonne à tous les baillis d'Angleterre d'ouvrir
le 7 janvier 1308 les instructions qu'il leur envoie et de les exécuter. —
20 déc. 1307. Même ordre aux baillis du pays de Galles, d'Ecosse et d'Irlande. — 26 déc. 1307. Edouard II écrit au pape qu'il a obéi à ses ordres
(Rymer, *Fœdera*, I, pars iv, 104 et 106). L'arrestation eut lieu le 7 janvier
1308 pour l'Angleterre, le 10 janvier pour l'Ecosse, l'Irlande et le pays de
Galles.

[2] Voir plusieurs ordres du roi dans ce sens des 14, 29 septembre et
6 octobre 1309, qui prouvent que les Templiers étaient en liberté provisoire
en Ecosse, en Irlande et en Angleterre (Londres, Record office, Close roll.,
3 Ed. II, m. 19, 20 et 21). Le 14 décembre 1309, le roi ordonnait au shérif
du comté de Kent de les empêcher de sortir dans le comté en costume séculier (Rec. off., Close roll., 3 Ed. II, memb. 15).

[3] 13 sept. 1309. Edouard II ordonne à ses baillis de prêter leurs bons
offices aux enquêteurs du pape, l'abbé de Latigny et le chanoine Sicard de
Faur (Rymer, *Fœdera*, I, pars iv, 152).

[4] 1 mars 1310. Ordre d'Edouard II au connétable de la Tour de Londres
de mettre les Templiers au secret (Schottmüller, I, 665).

[5] Le 6 août 1310, Clément V reprochait à Edouard II d'avoir empêché
l'emploi de la torture contre les Templiers (*Reg. Clem. V*, t. V, p. 457).
Il reprochait le même jour aux archevêques de Canterbury et d'York et à
leurs suffragants d'entraver la mission des enquêteurs pontificaux (*Ib.*,
t. V, p. 455) ; le 23 décembre 1310 il demandait au roi d'aider ceux-ci
dans leur mission (*Reg. Clem. V*, t. VI, n° 6670).

malgré un second interrogatoire limité à vingt-quatre articles, malgré l'introduction de neuf nouvelles questions posées aux inculpés par l'évêque de Londres, et enfin malgré une nouvelle enquête, ouverte le 8 juin 1310, sur le seul point vulnérable, celui de savoir en quelle manière et par quelles paroles le précepteur donnait l'absolution aux frères en chapitre, le concile ne put trouver aucune preuve concluante contre l'ordre. Il semble en avoir été de même pour le concile d'York et pour les Templiers d'Irlande [1] ; mais comme le Saint-Siège exigeait une condamnation [2], les enquêteurs appelèrent devant eux un grand nombre de témoins pris en dehors de l'ordre [3], et, grâce à ces témoignages, parvinrent à trouver une apparente culpabilité ; mais, en même temps, ils s'empressèrent d'accueillir le repentir des Templiers, de les réconcilier avec l'église et de leur désigner des couvents pour faire pénitence [4].

Dans la péninsule Ibérique, les deux provinces de l'ordre s'étendaient sur cinq royaumes, ceux d'Aragon, de Majorque, de Navarre, de Castille et Léon et de Portugal. Quelle attitude prirent, à l'égard des Templiers, les souverains de ces différents

---

[1] L'enquête, commencée dans l'archevêché d'York en même temps qu'à Londres, fut close par les décisions du concile d'York, le 30 juillet 1311. Les enquêteurs étaient le patriarche de Jérusalem, l'archevêque d'York et les évêques de Lincoln et de Chichester (Record office, Close roll., 3 Ed. II, m. 19). En Irlande, l'enquête commença en février 1310, en Ecosse le 17 novembre 1309; mais nous ne savons pas quand elle prit fin ; en Irlande, en Ecosse, les guerres qui désolaient le pays, et le petit nombre des Templiers empêchèrent qu'elle fût menée régulièrement.

[2] Le 18 mars et le 25 août 1311, Clément V recommande avec insistance aux souverains et aux prélats l'emploi de la torture (*Reg. Clem. V.* anno VI, xv Kal. apr. et viii Kal sept.).

[3] La proportion de ces témoins fut très considérable en Angleterre ; on en entendit soixante-quinze à Londres, quarante et un à Dublin, quarante-neuf à Edimbourg ; en France, au contraire, sur deux cent trente témoins, six seulement n'appartenaient pas au Temple.

[4] Pour tout ce qui concerne l'enquête anglaise, voir Schottmüller, I, 368-407. Ce furent, après la suppression du Temple, les Hospitaliers qui furent chargés de l'entretien des ex-Templiers. Ils recevaient 4 d. par jour ; le prieur touchait 2 sous par jour. Nous avons dans ce sens une lettre d'Edouard II du 8 février 1314, et une lettre de l'archevêque Melton, du 29 mars 1319, adressées au prieur des Hospitaliers d'Angleterre (Pauli, *Cod. dipl.*, II, p. 47; *Historical papers and letters from the northern registers*, p. 269). Le 18 avril 1313, le roi ordonnait au sequestre des biens des Templiers au comté d'Essex de payer à l'évêque de Londres la pension de Ralph d'Evesham, ex-Templier (Record office, Close roll., 6 Ed. II, m. 7).

pays ? Philippe le Bel s'était hâté d'annoncer au roi d'Aragon [1],
Jaïme II, l'arrestation des Templiers de France (16 octobre 1307)
et, dès que leurs premières dépositions furent connues, d'envoyer à Barcelone, pour les lui transmettre, un frère prêcheur,
Romain de Brugère, porteur d'une seconde lettre (27 oct. 1307)[2].
Si la première communication du roi de France resta sans effet,
la seconde modifia absolument les sentiments de Jaïme II :
sollicité par l'inquisiteur, convaincu par les aveux recueillis à
Paris, il donna l'ordre d'arrêter tous les Templiers de ses états
et de confisquer leurs biens (1er déc. 1307) [3].

Mais ceux-ci ne se laissèrent pas emprisonner sans résistance ;
retirés dans leurs châteaux, ils refusèrent d'obéir aux injonctions
royales, et Jaïme II dut recourir à la force des armes pour les
réduire. Les places de Miravet et de Monzon, assiégées par le
roi, résistèrent, la première jusqu'à l'automne de 1308, la seconde
jusqu'en mars 1309 ; il fallut l'intervention d'un envoyé ponti-
fical, Bertrand, prieur de Saint Cassan, au diocèse de Béziers,
pour mettre fin aux hostilités en Aragon (printemps de 1309) [4].
L'enquête, menée par l'évêque de Valence, dura jusqu'à l'automne
de l'année 1309 ; le concile provincial de Tarragone, réuni en
octobre 1310 et plusieurs fois ajourné, se sépara le 4 novembre
1312 après avoir proclamé l'innocence des Templiers, auxquels

---

[1] Ce qui concerne les Templiers d'Aragon a été mis en lumière par
Prutz (p. 209-213 et 346-355) ; il s'est servi d'un registre conservé à Barcelone aux Archives de la couronne d'Aragon sous la cote « Varia 5 », et qui
contient la transcription contemporaine d'un grand nombre de pièces rela-
tives à l'affaire des Templiers. Les extraits de Prutz, malheureusement, ne
sauraient être consultés qu'avec la plus prudente réserve.

[2] Jaïme II répondit à la première lettre de Philippe le Bel le 17 novembre, et à la seconde le 2 décembre 1307.

[3] Jaïme II informait le 4 déc. 1307 fr. Romain de Brugère qu'il faisait
procéder contre le Temple. Le 1 déc. il avait convoqué à Valence, pour le
6 janvier 1308 les évêques de Valence et de Sarragosse, et avait donné
l'ordre d'arrestation des Templiers au procureur du royaume de Valence.
Le roi, cependant, s'excusa, le 4 décembre 1307, de cette manière d'agir en
écrivant au pape ; celui-ci lui répondit le 3 janvier 1308 (Bulle *Paterne
benignitatis affectu*), mais la bulle du 22 novembre 1307 *Pastoralis prae-
minentie solio*, que Jaïme II avait reçue le 20 janvier 1308, avait levé
les derniers scrupules du roi. Jaïme II répondit encore au pape le 29 janvier
1308 (Prutz, p. 348-49).

[4] Les lettres pontificales concernant cette légation en Espagne sont de
janvier 1309 (4-7 janvier) (*Reg. Clem. V*, t. IV, p. 435-438).

la liberté fut rendue, mais qui restèrent encore soumis à une sorte de surveillance de haute police [1].

Le roi de Castille, Ferdinand IV, avait imité l'exemple de Jaïme II et fait incarcérer les Templiers dès qu'il avait connu l'initiative prise contre eux par Philippe le Bel ; le régent de Navarre, fils du roi de France, avait agi de même et suivi la politique paternelle [2] ; le roi de Majorque avait pris contre les Templiers roussillonnais des mesures analogues [3]. Le roi de Portugal Dinis, au contraire, était resté sourd à toutes les sollicitations, et avait pris la défense de l'ordre, auquel il était lui-même affilié et dont l'existence était intimement liée à celle du Portugal [4]. L'enquête ordonnée par le pape, menée pour le Portugal à Orense par l'évêque de Lisbonne et pour les royaumes de Castille et de Léon à Medina del Campo par l'archevêque de Tolède et l'évêque de Palencia, ne révéla rien contre les Templiers ; le concile provincial qui se réunit en octobre 1310, à Salamanque, sous la présidence de l'archevêque de Saint-Jacques de Compostelle [5], ne put que proclamer leur innocence. L'Espagne échappait ainsi toute entière aux crimes d'hérésie et d'idolâtrie dont le pape avait voulu noircir le Temple ; elle devait ce résultat à la complicité du clergé et des souverains ; ceux-ci, en effet, quelque empressés qu'ils se fussent montrés au début à soutenir la papauté contre l'ordre, n'avaient pas tardé à s'apercevoir qu'ils faisaient fausse route, que l'importance des biens du Temple, qu'aucun d'eux ne se souciait de voir recueillir par le Saint-

---

[1] Prutz, p. 209-213 ; Schottmüller, I, p. 452-456. Le 29 août 1311, le souverain pontife avait ordonné de recourir à la torture contre les Templiers d'Aragon (*Reg. Clem. V*, t. VI p. 464 n° 7611).

[2] 20 avril 1313. Lettre de Louis, roi de Navarre (Arch. d'Alcala, langue d'Aragon, liasse 714, n° 12).

[3] B. Alart, *Suppression de l'ordre du Temple en Roussillon* (Perpignan, 1867), passim.

[4] Il se composait des archevêques de Tolède et de Compostelle, des évêques de Ségovie et d'Evora, des abbés de Saint-Papoul (dioc. de Toulouse) et d'Yssoire (dioc. de Clermont), du chantre de l'église de Compostelle, et du frère prêcheur Aimery de Navis.

[5] Dès le 12 août 1308, Clément V, par la bulle *Regnans in cœlis*, invitait le roi de Portugal à se faire représenter au concile qui devait se réunir à Vienne pour régler le sort des Templiers. (Lisbonne, Torre do Tombo, maço 5 de bullas, n° 5). Le 30 décembre suivant, il l'engageait par la bulle *Callidi serpentis vigil*, à faire saisir et déférer aux tribunaux tous les Templiers de ses Etats (*Ib.*, maço 2 de bullas, n° 12).

Siège, devait modifier leur conduite. Pour conjurer ce danger, il fallait faire éclater l'innocence de l'ordre ; unis par cet intérêt commun, ils y avaient réussi, et avaient ainsi, comme l'événement le prouva, sauvé à leur profit les richesses et les dépouilles des Templiers [1].

L'Allemagne, pour d'autres motifs et par d'autres voies, suivit l'exemple de l'Espagne. L'archevêque de Magdebourg, Burchard III, avait, en mai 1308, au retour d'un voyage à Poitiers auprès du pape Clément V, ordonné l'arrestation de tous les Templiers résidant dans son archevêché ; il avait ainsi emprisonné le prieur d'Allemagne Frédéric et les chevaliers des commanderies de Wichmansdorf, Bolstedt et Jerdingsdorf. Mais ceux d'entre eux qui avaient pu lui échapper s'étaient réfugiés dans le château de Beyer-Naumburg au diocèse d'Halberstadt, et, soutenus par leurs amis et par la noblesse du pays, avaient pris une attitude menaçante. L'archevêque, en tentant de reprendre son château par un siège en règle, s'était fait excommunier par l'évêque d'Halberstadt [2] ; les princes allemands, séculiers et ecclésiastiques, avaient pris parti contre lui, et Burchard avait dû relâcher ses prisonniers (19 novembre 1308), tout en maintenant la confiscation de leurs biens.

Quels pouvaient être, dans un pays où la voix de Clément V, demandant l'emprisonnement des frères du Temple, n'était pas écoutée, les résultats de l'enquête et des conciles provinciaux prescrits par le pontife? L'ordre, se sentant soutenu par la noblesse et les princes, semble s'être peu préoccupé de cet appareil judiciaire. Nous savons, il est vrai, les noms de quelques enquêteurs en Allemagne [3] ; nous savons aussi que les archevêchés de Salzbourg, Cologne et Trèves [4] eurent leurs

---

[1] Prutz, p. 208-9 ; Schottmüller, I, 448 452.

[2] L'excommunication fut levée par le pape, le 24 septembre 1310 (*Reg. Clem. V*, t. V, p. 271); cette mesure fut confirmée dans trois bulles des 4 décembre 1310, 23 janvier et 25 juillet 1312 (*Reg. Clem. V*, t. VI, p. 18, n° 6448 ; t. VII, p. 58, n° 7858 ; et p. 179, n° 837).

[3] Le 12 août 1308, l'abbé de Crudas, pour les diocèses de Mayence, Cologne, Trèves, Magdebourg, Constance et Strasbourg ; en 1310 Robert, doyen de l'église Saint-Servat à Utrecht, pour la province de Trèves, sont délégués par le pape pour suivre cette enquête.

[4] Le concile de Cologne se réunit le 9 mars 1310, celui de Trèves le

conciles provinciaux, mais l'affaire des Templiers fut loin d'avoir
en Allemagne l'importance qu'elle eut ailleurs. On sait com-
ment les Templiers avaient répondu à l'ordre d'arrestation donné
par l'archevêque de Magdebourg ; on les vit également, au concile provincial de Mayence, faire irruption, en armes, dans la
salle des séances et déposer entre les mains des prélats effrayés
une protestation indignée contre les crimes imputés à l'ordre,
protestation que l'archevêque s'empressa de transmettre au
pape. Il fut, malgré le secours de la torture, impossible de rien
relever contre eux ; devant les témoignages favorables qu'elle
recueillit de toutes parts, la commission d'enquête, en terminant
ses travaux (1er juillet 1311), leur rendit un hommage public [1],
et tandis que dans d'autres pays les supplices et la mort détrui-
saient presque entièrement l'ordre du Temple, le sang ne coulait
pas en Allemagne et la vie des chevaliers était épargnée [2].

En Italie, les renseignements qui nous sont parvenus ne sont
pas assez complets pour permettre de porter un jugement défi-
nitif. Il semble cependant qu'il faille distinguer le sud de la
péninsule du centre et du nord, le royaume de Naples des états
de l'Église et des républiques qui gravitaient autour de l'orbite
du Saint-Siège. Si Charles II d'Anjou fit arrêter les Templiers de
Provence (24 janvier 1308), il prit pour ceux du royaume de
Naples une mesure analogue ; ils furent, sur l'ordre du duc de
Calabre, arrêtés et emprisonnés au château de Bari au nom du
souverain pontife [3], l'administration de leurs biens fut confiée à
des agents royaux [4], et les frais nécessités par leur internement
furent prélevés sur les revenus de leurs domaines [5]; mais l'enquête menée contre eux par l'archevêque de Brindisi ne nous est

11 mai 1310 ; à ce dernier furent interrogés dix-sept témoins dont trois
seulement étaient frères de l'ordre.

[1] Le concile de Mayence interroge trente-sept Templiers en juin 1311 et
douze personnes, de tout rang et condition, étrangères à l'ordre.

[2] Schottmüller, 1, p. 435-446 ; Prutz, p. 213-215.

[3] Le 31 mars 1308, Jean Brachet, châtelain de Bari, recevait de Jean de
Laie, justicier de la terre de Bari, les Templiers arrêtés pour les garder en
prison. *(Syllabus membranarum ad regie Siclæ archivum pertinentium,*
Naples 1824-45, II, pars ii, p. 204.)

[4] 25 mars 1308 *(Syll. membr.* II, pars ii, p. 203).

[5] Minieri Riccio, *Saggio di codice diplomatico,* suppl. part. ii, p. 51
(Naples, 1883, in 8º).

connue que par des fragments insuffisants [1]. En Sicile au contraire, il ne semble y avoir eu ni arrestation, ni information régulières ; Jacques de Carapelle, chanoine de Sainte-Marie Majeure, fut, il est vrai, désigné par le pape comme inquisiteur en Sicile [2] ; mais l'interrogatoire passé par l'archevêque de Messine et l'évêque de Sora ne s'adressa qu'à trente-deux témoins non Templiers, et n'apprit rien de positif [3]. Nous connaissons mieux les commissions d'enquête établies dans le centre de l'Italie ; il avait fallu, en raison de la multiplicité des archevêchés de la péninsule, la diviser en groupes composés chacun de trois ou quatre provinces ecclésiastiques. C'est ainsi que des synodes furent tenus à Rome pour les états de l'Église [4], à Florence et à Ravenne pour le nord de la Toscane, la Lombardie, Trévise et l'Istrie [5]. Le caractère général qui se dégage de ces assemblées, c'est qu'en Italie le Temple fut accusé et convaincu des mêmes crimes qu'en France, que dans les deux pays les frères servants, masse sans instruction et uniquement préoccupée des intérêts matériels de l'ordre, dominaient absolument les chevaliers par leur nombre, et que s'ils s'adonnaient à des pratiques coupables ou hérétiques, ils agissaient de bonne foi et sans arrière pensée, avec l'inconscience de l'ignorance, et ne méritaient pas le châtiment dont leurs crimes furent punis [6].

A Chypre, au contraire, il n'en alla pas de même. Les Templiers, en quittant la Terre Sainte, avaient pris l'île comme centre d'action dans le Levant ; ils y avaient réuni de nombreux che-

---

[1] Elle ne contient que les dépositions de deux frères servants (Texte dans Schottmüller II, 105-139).

[2] 30 décembre 1308 (*Reg. Cl. V*, t. IV, p. 479).

[3] Prutz, p. 216 ; Schottmüller, I, 410.

[4] Les dépositions furent reçues, du 12 octobre 1309 au 29 juillet 1310, par l'évêque Jacques de Sutri et maître Pandolphe de Sablé, prévôt de Chableis pour Saint-Martin de Tours ; elles émanaient des Templiers de l'Ombrie, du patrimoine de Saint-Pierre en Toscane, du duché de Spolète, des Abruzzes et de la Campanie (Texte dans Schottmüller, II, p. 403-419).

[5] Les enquêteurs de la commission qui se réunit à Pise étaient l'archevêque de Pise, l'évêque de Florence et Pierre Judici de Rome, chanoine de Vérone (Texte dans Bini, *Dei Tempieri in Toscana*, dans *Atti della R. acc. Lucchese* XIII (1845), p. 406-501) ; à Ravenne une seconde commission fonctionna sous la direction de l'archevêque de Ravenne ; elle comprenait les évêques de Rimini et de Fano (Schottmüller, I, 412).

[6] 27 juin 1311. Clément V, cependant, dut ordonner l'emploi de la question et de la torture en Toscane et en Lombardie pour obtenir des aveux (*Reg. Cl. V*, t. VI, p. 439, n°s 7527 et 7528).

valiers venus de toutes parts, les grands dignitaires et le gouvernement de l'ordre ; ils y jouissaient d'une influence prépondérante, dont ils venaient de donner la preuve en assurant le pouvoir à Amaury de Tyr au lieu et place d'Henri II de Lusignan, son frère. Aussi les ordres du pape, enjoignant leur emprisonnement, ne furent-ils exécutés qu'à contre cœur par le régent et après de longues hésitations qui permirent aux chevaliers d'organiser la résistance. L'enquête, dans laquelle furent entendus soixante-seize Templiers et cinquante-six témoins non Templiers, dura pendant les mois de mai et de juin 1310 (1 mai-19 juin 1310), sous la présidence de l'archevêque de Nicosie assisté des évêques de Famagouste et de Limisso, de l'abbé d'Alet et de Thomas de Rieti, archiprêtre de Saint-Jean de Rieti [1] ; elle fit éclater au grand jour l'innocence de l'ordre. Faut-il, en constatant ce résultat, remarquer que les inculpés n'étaient plus des frères servants, ignorants et bornés, mais l'élite de l'ordre, capable de se bien défendre ; que tenus constamment en haleine par le voisinage des infidèles, ils n'avaient eu ni le temps ni le désir de céder aux habitudes coupables ou hérétiques dont on accusait leurs frères d'Occident ; que l'esprit primitif de la règle était resté vivace chez eux, tandis qu'ailleurs le souci des intérêts matériels ou temporels l'avait étouffé presque complètement ? Cette remarque peut avoir sa valeur, mais, quoi qu'il en soit, un point ressort du procès chypriote : c'est que, si des tendances à l'hérésie s'étaient glissées dans le Temple, elles étaient restées personnelles à certains membres, ne l'avaient pas envahi dans son ensemble et n'avaient trouvé aucun encouragement parmi les chefs et les dignitaires de l'ordre.

Les Templiers de Chypre se croyaient sauvés ; une circonstance imprévue, le meurtre d'Amaury de Tyr (5 juin 1310), fit renaître le danger en ramenant au trône Henri de Lusignan, leur mortel ennemi. Cette restauration fût le signal de mesures violentes contre eux ; à l'instigation du pape (1311), une nouvelle enquête, plus rigoureuse, fut ouverte ; le maréchal de l'ordre, Aymé d'Osiliers, fut décrété de trahison ; ses compagnons, englobés dans la même accusation, furent emprisonnés, mis à la question, convaincus de rébellion et de trahison, noyés ou brû-

---

[1] Le texte de cette enquête a été publié par Schottmüller, II, 143-400.

lés. Ainsi se trouva réglé, de la façon la plus brutale, et avant toute décision juridique, le sort du Temple dans l'île de Chypre [1].

L'enquête une fois terminée partout, il fallut bien que Clément V, malgré les résultats contradictoires qui lui furent communiqués et la probabilité que leur divergence profiterait à l'ordre, se résignât à convoquer le concile de Vienne, dont il avait déjà différé l'ouverture [2]. La première séance eut lieu le 16 octobre ; les prélats, réunis au nombre de plus de trois cents, avaient pour mission, outre l'affaire des Templiers, d'examiner la question de la Terre Sainte et les réformes à introduire dans le clergé [3] ; dès les premières conférences, le souverain pontife comprit que l'opinion générale était favorable aux accusés ; de toutes parts on le sollicita de les citer, et de leur donner les moyens de se défendre ou de se faire défendre devant le concile [4]. L'hiver se passa sans que la question fît un pas décisif ; Clément V, absolument hostile aux Templiers, cherchait le moyen de les perdre et se heurtait aux dispositions bienveillantes de l'assemblée. Une démarche imprudente de quelques chevaliers du Temple, qui vinrent annoncer que quinze cents à deux mille des leurs étaient groupés autour de Lyon, prêts à défendre leur ordre, fit réfléchir les prélats et leur fit craindre le sort des membres du concile provincial de Mayence. Très effrayé, le pape reçut à Vienne sur ces entrefaites une lettre de philippe le Bel, puis la visite de ce prince, qui réclamait impérieusement une solution à l'affaire des Templiers et la transmission de leurs biens à un autre ordre (mars 1312). La situation du Pontife devenait critique ; l'évêque de Mende, Guillaume Durand, lui proposa alors un expédient. Demander au concile la condamnation canonique du Temple pour raison d'hérésie, il n'y fallait pas songer ; mais Clément V pouvait, en vertu de la plénitude de son pouvoir apostolique, abolir l'ordre et disposer de ses biens. C'est à ce

[1] Prutz, p. 217-9.

[2] Par la bulle *Alma mater* du 4 avril 1310, il reculait d'un an l'ouverture du concile jusqu'au 1er octobre 1311 (*Reg. Cl. V*, t. V, p. 397).

[3] Pour ce qui concerne la Terre Sainte, v. Delaville Le Roulx, *La France en Orient*, I, p. 59-63.

[4] L'opinion contraire ne fut soutenue que par un évêque italien, les archevêques de Reims, de Sens et de Rouen. D'autres sources évaluent à 1/5, peut-être même à 1/6 du nombre total des prélats, ceux qui étaient d'avis de refuser aux Templiers de se défendre.

parti qu'il s'arrêta par la bulle *Vox in excelso* du 22 mars 1312 ; il motiva sa sentence sur le discrédit et les scandales dont les Templiers avaient été atteints, sur les réceptions clandestines, les statuts secrets, la conduite scandaleuse qu'on leur reprochait, et déclara que l'ordre n'existerait plus à l'avenir, réservant à l'autorité diocésaine le soin de terminer les procès pendants contre la personne des Templiers. La bulle du pape fut communiquée au concile à la séance du 3 avril, à laquelle assistaient le pape et le roi de France [1].

Le 2 mai suivant une nouvelle bulle *Ad providam Christi* [2], détermina le sort des biens du Temple qui, excepté dans la péninsule Ibérique, furent dévolus à l'ordre de l'Hôpital ; le 6 mai, par la bulle *Considerantes dudum* [3], Clément V se réservait de juger le grand-maître, le visitateur de France, les précepteurs de Chypre, de Normandie et des Pouilles et l'ex-trésorier du Temple, Olivier de Penne [4] ; les autres membres de l'ordre restaient individuellement soumis à la juridiction des conciles provinciaux, et furent jugés par eux suivant leurs actes personnels.

Pour le grand-maître et ses compagnons, le pape nomma, le 22 décembre 1313, une commission de trois cardinaux français : Arnaud de Faugiers, Arnaud Novelli, et Nicolas de Fréauville ; tous trois, par leurs antécédents, étaient absolument dévoués au pape et à Philippe le Bel. Ils condamnèrent les accusés à la prison perpétuelle et, afin de clore solennellement la procédure ouverte contre eux, firent élever sur le parvis Notre-Dame des tribunes pour que la foule pût assister à la promulgation de la sentence et entendre la condamnation. Ils avaient compté sans un incident : à la lecture du verdict, Molay et ses compagnons rétractèrent devant le peuple assemblé tous leurs aveux et firent entendre des protestations indignées. Devant un pareil scandale, les juges se hâtèrent de les livrer au prévôt de Paris et de les

---

[1] La traduction de la bulle *Vox in excelso*, d'après Villanueva, est dans Loiseleur, *Doctrine secrète des Templiers*, (*Mém. de la Soc. archéol. de l'Orléanais*, t. XIII), p. 213.

[2] Le texte se trouve dans Pauli, *Cod. dipl.*, II, p. 23 et dans *Reg. Cl. V*, t. VII, p. 65, n⁰ˢ 7885-6.

[3] *Reg. Cl V.*, t. VII, p. 302, n° 8784.

[4] Le pape s'était déjà réservé le jugement des grands dignitaires par la bulle du 5 juillet 1308 et par celle du 22 mai 1309, *Licet explorati juris*, (*Reg. Cl. V*, t. IV, p. 455).

faire reconduire en prison, se réservant de reprendre l'affaire
le lendemain (11 mars 1314). Philippe le Bel ne leur en laissa
pas le temps : le soir même, sur son ordre, le grand-maître et
le précepteur de Normandie furent brûlés dans l'île du Palais,
entre le jardin du roi et les Augustins.

III

Cette mesure sanglante clot l'histoire de la suppression du
Temple ; l'ordre disparu, que devinrent ses biens? La transmission aux Hospitaliers se fit-elle sans encombre, et quel fut le
sort des possessions de la péninsule Ibérique que le souverain
pontife avait réservées ? Autant de questions qui méritent d'arrêter quelques instants l'attention du lecteur.

Les Hospitaliers s'étaient empressés, dès qu'ils avaient connu
la bulle qui leur attribuait les dépouilles du Temple, de donner
au grand prieur, frère Albert d'Allemagne, et à sept autres dignitaires, les pouvoirs nécessaires pour entrer en possession de cet
héritage inespéré (17 octobre 1312) [1] ; de son côté Clément V (2
mai 1312, *Ad providam*) avait déjà délégué des fonctionnaires
ecclésiastiques pour faciliter cette opération ; il les avait répartis
par groupes de trois personnages appartenant à trois diocèses
limitrophes, et les avait chargés d'assurer la transmission des
biens dans ces mêmes diocèses [2]. En même temps (16 mai 1312,
Nuper in generali) il avait averti les administrateurs pro-
visoires que leurs fonctions prenaient fin, et qu'ils devaient les
résigner entre les mains des Hospitaliers [3].

Philippe le Bel, qui avait mené toute l'affaire des Templiers
dans le secret espoir de s'approprier leurs immenses propriétés
territoriales, n'avait pas tardé à s'apercevoir que celles-ci lui

---

[1] Lünig, *Cod. Ital. diplom.*, II, col. 1658 ; Pauli, *Cod. dipl.*, II, p. 36.
Ces personnages étaient, outre le grand prieur, le drapier Richard de
Ravillin, le prieur de Rome Philippe de Gragnana, le prieur de Venise
Léonard de Tibertis, les compagnons du grand maître, Henri de Mayniers,
Arnaud de Solers et Artaud de Chavanon, et le précepteur de Montchamp
et de la Sauvetat d'Aurillac, Durand de la Prévôté.

[2] Pauli, II, p. 26-30.

[3] *Reg. Cl. V*, t. VII, p. 82, n° 7952.

échappaient, et quand l'ordre tomba, il ne put que réclamer et obtenir des sommes considérables pour l'indemniser des frais faits en gardant les inculpés en prison ; mais il dut renoncer à s'approprier les immeubles. Ceux-ci passèrent, dans le royaume de France, aux Hospitaliers de la façon la plus régulière. Le roi avait, par lettre du 14 août 1312 [1], accepté la décision du souverain pontife au concile de Vienne, et le parlement de Paris avait pris le 23 mars 1313 un arrêt transférant les biens du Temple au représentant des Hospitaliers, frère Léonard de Tibertis [2].

En Angleterre, il n'en alla pas tout à fait de même. Édouard II, à la première nouvelle des dispositions prises par le Saint-Siège, avait défendu au prieur de l'Hôpital en Angleterre (1er août 1312) de procéder à aucune prise de possession sans autorisation du parlement [3]; quand l'année suivante (25 novembre 1313), les commissaires délégués par le grand maître, frère Albert de Schwarzenburg et frère Léonard de Tibertis, lui demandèrent la délivrance des biens du Temple en Angleterre, il protesta en faisant toutes réserves de droit [4], et donna, trois jours après, aux sequestres qui les administraient l'ordre de les leur remettre ; en même temps, il enjoignait aux officiers royaux de prêter aux délégués de l'Hôpital leur concours et leur appui [5]. Ces mesures cependant furent insuffisantes ; les barons s'étaient emparés d'une partie des terres des Templiers ; il fallut en 1317 que le pape Jean XXII envoyât deux légats en Angleterre, en Écosse et dans le pays de Galles (17 mars 1317; *Querelam dilectorum*) pour les faire restituer, et en 1322 (23 mai, *Dudum post sublatum*), le souverain pontife dut de nouveau,

---

[1] Lünig, *Cod. Ital. diplom.*, II, col. 1655 ; Pauli, *Cod. dipl.*, II, p. 33.

[2] Pauli II, p. 35 ; d'Escluzeaulx, *Privilèges...* (éd. de 1700), p. 107. Il y eut cependant une difficulté relative à une maison qui avait appartenu aux Templiers, et que le roi Louis le Hutin avait échangée à la reine Clémence contre des biens à Vincennes ; il fallut que Jean XXII (17 nov. 1319, *Habet dilectorum filiorum*), réclamât au roi Philippe V la restitution de la maison aux Hospitaliers (Pauli, II, 73).

[3] Lünig, *Cod. Ital. diplom.*, II, col. 1655 ; Pauli, II, p. 33.

[4] Pauli, II, p. 43.

[5] Lünig, *Cod. Ital. diplom.*, II, col. 1663 ; Pauli, II, p. 43-7. Le 9 décembre 1313 le roi complétait ces dispositions en ordonnant que la délivrance des biens eût lieu dans l'espace d'un mois (Londres, Record office, Close roll. 7 Edw. II, m. 12 dorso).

devant l'inefficacité des excommunications lancées contre les usurpateurs de ces terres, appeler l'attention du roi sur cette situation déplorable, et lui demander de prêter aux archevêques de Canterbury et d'York le secours de l'autorité royale [1] pour faire respecter les décisions apostoliques. Pendant plus de dix ans encore les efforts combinés des rois et du parlement s'employèrent à mettre les Hospitaliers en paisible possession des biens qui leur avaient été dévolus au concile de Vienne (1324-1334) [2]. Ils n'y parvinrent pas complètement : en 1338 la comtesse de Pembrock occupait encore trois manoirs du Temple, les comtes de Glocester, de Sarun, de Warenn et d'Arundell, l'abbesse de Burnham, Hugues Spencer [3] et lord de Roos en avaient usurpé chacun un ; deux avaient été donnés par le roi à Raoul Nevill et à maître Pancius ; le roi lui-même s'était attribué les moulins d'York, et tout porte à croire que ces usurpations devinrent définitives [4].

L'Allemagne, assez indépendante du Saint-Siège, et politiquement divisée en un grand nombre d'états, accueillit diversement la chute du Temple. Si dans les diocèses de Magdebourg, d'Halberstadt [5], et en Bohême, la transmission des biens aux

---

[1] Pauli II, p. 50 et 75 ; Lünig, II, col. 1680.

[2] Ordres royaux en ce sens pour le moulin de Grimsby (Rec.off.,Close roll 12 Ed. II, m. 25, 7 nov. 1318), pour les biens des Templiers aux comtés de Lincoln (26 mars 1324), d'Essex (26 mai 1324), d'York (1 juillet 1324.) — Ordre de remettre aux Hospitaliers les archives concernant les biens du Temple qui leur sont dévolus (*Ib.*, Close roll. Ed. II, m. 1, 4, 7 et 14). — Délivrance des manoirs d'Alverthorpe et de Withele (*Ib.* Pat. 18 Ed. II, ps. 2, m. 1) ; d'un moulin à Cherlton et de terres à Hyche (*Ib.*, Close roll. 17, anno 19 Ed. II, m. 4 et 7) ; du manoir de Brampton au prieur de Flauslore (*Ib.*,Close roll.2 Ed.III,m. 26); des terres des Templiers au comté de Somerset (*Ib.*,Close roll., 6 Ed. III, ps 1, m. 5) ; du manoir de Clayhanger au comté de Devon, 13 oct. 1334 (*Ib.*, Close roll. 7 Ed. III, ps. 2, m. 12).

[3] Les usurpations de Hugues Spencer et de son fils provoquèrent, en 1330, une très curieuse pétition au Parlement (*Rolls of Parliament*, petitio n° 52).

[4] Ces détails nous sont donnés par le rapport adressé en 1338 au grand maître Hélion de Villeneuve par Philippe de Thame, prieur d'Angleterre, sur l'état de son prieuré (Larking et Kemble, *The Knights Hospitallers in England*, éd. pour la Camden Society, 1856, in-8°, p. 212.)

[5] Les prieurs des Hospitaliers de Bohême, d'Allemagne supérieure et d'Allemagne centrale, et le commandeur de Strena et d'Hayngau réunis à Francfort en chapitre provincial (18 octobre 1317), donnèrent pouvoir à fr. Paul de Mucie, commandeur d'Erfurt et de Topftädt, de prendre possession, au nom de l'ordre, des biens du Temple dans les diocèses de Magdebourg et d'Halberstadt (Wilke, *Gesch. des ordens der Tempelherren* II, 339 et 499).

Hospitaliers s'accomplit paisiblement [1] ; si ceux-ci, à la sollicitation de l'archevêque de Mayence, qui ne pouvait croire que la suppression fût définitive, s'engagèrent, en prenant possession de la commanderie de Topfstädt près d'Erfurt, à la restituer, le cas échéant, aux Templiers (2 août 1317); si, en Lorraine, le duc Thibaut I s'empressa d'obéir aux ordres de la cour de Rome, non sans prélever pour lui une partie des dépouilles, nous savons que l'ordre détruit ne prit fin qu'en 1319 à Görlitz, que le margrave Waldemar de Brandenbourg ne se décida qu'en 1322 à mettre l'Hôpital en possession de l'héritage du Temple, qu'à Hildesheim il fallut recourir à la force pour expulser les chevaliers, et que dans le sud de l'Allemagne, l'abolition de l'ordre n'eut pas lieu sans effusion de sang [2].

Nous connaissons moins bien le sort des commanderies d'Italie ; elles semblent s'être transmises sans secousse aux Hospitaliers ; pour celle de Venise la chose est certaine [3]. Nul doute cependant que, comme en Allemagne, la dévolution ne fut pas complète, et qu'elle profita à plus d'un ordre religieux ; l'état politique du pays était trop favorable pour ne pas encourager les usurpations [4]. Les rois de Naples, au contraire, dont le royaume occupait à la fois tout le sud de la péninsule, et en France la Provence et Forcalquier, ne se prêtèrent pas de bonne grâce aux ordres du Saint-Siège : une première bulle, du 15 juillet 1313, avait enjoint au roi Robert de compléter la remise des commanderies de Provence à l'Hôpital [5] ; une seconde bulle, du 21 septembre 1317, avait renouvelé cette injonction pour le monastère de Torre Maggiore en Capitanate, et en général pour tous les biens du Temple au royaume de Naples, en Provence et dans le comté de Forcalquier [6]; mais elles restèrent sans effet. Malgré les protestations dont il combla

---

[1] Wilke, II, p. 326, 338 et 339. Dès le 7 juin 1313, frère Berthold de Henneberg, prieur de l'Hôpital en Bohême, Pologne, Moravie et Autriche, vendait l'église de Saint-Laurent de Prague, ancienne possession des Templiers, aux Augustines de Prague (Millauer, *Boehmen's Denkmale der Tempelherren*. Prague, 1822, p. 47). On croit cependant que le roi de Bohême se tailla une large part dans les dépouilles des Templiers (Wilke, II, 341).

[2] Wilke, II, p. 325-6.

[3] Venise, arch. d'Etat. Pacta II, f. 74 v°.

[4] Wilke, II, p. 338-9.

[5] Bulle de Clément V, *Nosti plene, charissime* (Pauli, *Cod. dipl.* II, 398.)

[6] Bulle de Jean XXII, *Scimus dilectissime fili* (Pauli, *ib.*, II, 159).

le grand maître de passage à Naples, Robert ne se décida que le
7 décembre 1319 à mettre les Hospitaliers en possession des
biens qu'il détenait en Provence [1].

Dans l'attribution faite par la papauté des biens du Temple,
ceux de la péninsule Ibérique et des îles Baléares avaient été
réservés ; quels étaient les motifs de cette exception ? Nous les
ignorons, mais il n'est pas défendu de conjecturer qu'en présence des résultats de l'enquête pontificale qui avait fait éclater
l'innocence des Templiers, devant l'insistance des rois d'Aragon
et de Portugal à défendre l'ordre persécuté, le souverain pontife
n'ait nourri l'espoir de le faire revivre sous une forme nouvelle
en Espagne, et de lui conserver ses biens. N'y avait-il pas, dans
la lutte contre les Maures, l'occasion d'employer avec fruit les
richesses et l'activité guerrière des chevaliers ? Au premier bruit
de la suppression du Temple, les rois d'Aragon et de Majorque
avaient député des ambassadeurs auprès du pape pour le prier,
dans une affaire qui les intéressait à un si haut degré, de ne
prendre aucune décision avant de les avoir entendus. Clément V,
très embarrassé, s'était résolu à excepter de la dévolution les
domaines d'Espagne, et à attendre jusqu'au 1er février 1313 les
explications promises par les souverains espagnols (Bulle du
23 août 1312, *Dudum fili carissime,* au roi d'Aragon) [2].

Le roi Sanche voulait reprendre dans l'île de Majorque la juridiction ou même la pleine propriété d'un grand nombre de
domaines, entre autres les alquéries de Beni-Alfimara et de Beni-
Cassim. Au jour fixé par le souverain pontife, les propositions
du roi de Majorque n'ayant pas été formulées, la curie romaine
passa outre, et attribua à l'Hôpital les biens du Temple situés
dans les états de ce prince (11 juillet 1313) [3] ; mais Sanche
n'accepta pas cette décision, maintint ses prétentions, et pour
l'y faire renoncer les Hospitaliers durent lui assurer, par
voie de transaction, une somme de 22,500 sols de royaux ma-
jorquins et une rente annuelle de 11,000 sols payables pour

[1] Marseille. Arch. des Bouches-du-Rhône, Ordre de Malte, H. 52, n° 1.
Bosio, *Dell'istoria,* II, p. 49.
[2] Barcelone. Arch. de la couronne d'Aragon, Bulas, leg., 27, n° 51. Ed.
Reg. Clem. V, t. VII, p. 334, n° 8862.
[3] Bulles *Dudum ordine militie* et *Optamus ab intimis* (Pauli, *Cod. dipl.,*
II, p. 395).

2/11 sur les revenus de la commanderie de Saint-Hyppolyte en Roussillon et pour le surplus sur celle de Majorque ; les ornements des ci-devant chapelles du Temple restèrent affectés au service de celles-ci (18 février 1314) [1].

De son côté Jaïme II, roi d'Aragon, ne voyait pas sans crainte la succession des Templiers passer à un autre ordre, surtout aux Hospitaliers, déjà très-puissants dans ses états. Cet accroissement de domaines eût été pour la couronne d'Aragon un véritable danger ; d'autre part les Maures menaçaient les frontières du royaume de Valence dont la conquête n'était pas assurée, et ce n'était pas trop, pour les contenir, d'une chevalerie permanente, fortifiée dans les châteaux de cette province, et prête à arrêter tout retour offensif de l'ennemi. Jaïme II s'empressa donc de demander au pape d'attribuer à l'ordre de Calatrava les biens qui avaient appartenu au Temple dans le royaume de Valence et d'y joindre ceux que l'Hôpital y possédait ; cet ensemble de possessions devait constituer le noyau d'un nouvel établissement à Montesa, centre de la résistance contre les Sarrasins. D. Vital de Villanova fut chargé par le roi de cette négociation (15 février 1317), et la mena à bonne fin ; le 10 juin 1317 Jean XXII fondait, sur les bases posées par Jaïme II, l'ordre de Montesa, et lui attribuait les biens du Temple et de l'Hôpital au royaume de Valence [2]. Les Hospitaliers indignés protestèrent contre cette spoliation ; D. Vital de Villanova intervint alors, et ses bons offices amenèrent une transaction : l'Hôpital consentit à céder à l'ordre de Calatrava ses domaines de Valence, à condition d'être mis en possession par le roi d'Aragon de l'héritage des Templiers en Catalogne ; Jaïme II, sollicité par le pape (12 août 1317) [3], ratifia l'accord, et l'échange eut lieu à la fin de la même année (22 nov.-3 déc. 1317) [4].

---

[1] B. Alart, *Suppression de l'ordre du Temple en Roussillon* (Perpignan, 1867, in-8°), p. 62-5. Pour le Roussillon proprement dit, qui n'était pas compris dans les provinces dont le Saint-Siège s'était réservé l'attribution ultérieure, les documents manquent, mais on peut conjecturer que la remise eut lieu en janvier et février 1314 ; en juin 1315 elle était complète (*ib.,* p. 65-6).

[2] Bulles *Ad fructus uberes* et *Pia matris ecclesie* (Villarroya, *Real Maestrazgo de Montesa.* Valence, 1787, in-4°, II p. 1-11) ; Lünig, II, 1672 et 1678 ; Pauli, II, 51 et 56).

[3] Bulle *Non dubitamus fili* (Arch. d'Alcala, ordre de Saint-Jean de Jérusalem, langue d'Aragon, leg., 20).

[4] Villarroya, *ib.*, I, p. 26.

En Portugal, le roi, comme les souverains d'Aragon et de Majorque, fit valoir la nécessité de lutter contre les Maures et l'utilité de créer dans ce but un ordre militaire nouveau. La situation particulière de la couronne portugaise vis-à-vis du Temple donnait aux raisons exposées par elle une autorité devant laquelle le Saint-Siège s'inclina. Le 14 mars 1319, Jean XXII institua l'ordre du Christ et lui appliqua les biens, revenus et droits du Temple [1] ; la transmission fut si complète que les pensions à servir aux ex-Templiers ne furent même pas mises à la charge des chevaliers du Christ ; aussi fallut-il, en 1321 (16 août), l'intervention des légats apostoliques auprès du prieur de l'Hôpital pour obliger celui-ci à assurer le paiement de ces pensions, que le nouvel ordre refusait d'acquitter [2].

La Navarre, seule des royaumes Espagnols, n'avait pas été exceptée par le pape ; aussi le roi Louis suivit-il l'exemple de son père Philippe le Bel et transmit-il aux Hospitaliers, dès le mois d'avril 1313, la propriété des domaines de l'ordre supprimé [3]. Le roi de Castille, de son côté, ne semble pas, au moins à l'origine, avoir manifesté sur les biens du Temple des prétentions analogues à celles des rois de Majorque, d'Aragon et de Portugal ; aussi le pape Jean XXII attribua-t-il simplement, par bulle du 14 mars 1319, aux Hospitaliers, les possessions du Temple en Castille et Léon, et chargea-t-il le prieur de l'Hôpital dans ces provinces, Ferrand Rodriguez de Valbuena, d'en assurer la transmission à cet ordre [4]. Le roi lui-même approuva les dispositions de cette bulle le 8 novembre suivant [5] ; mais quelques années plus tard, regrettant sa conduite, il demanda au Saint-Siège la création, dans ses états, d'un ordre militaire nouveau constitué avec les dépouilles du Temple. Il était trop tard ; le pape (16 avril 1331) lui fit remarquer qu'il eût fallu manifester ce désir au même moment que les rois d'Aragon et du Portugal, et qu'au reste les chevaleries nouvellement créées par eux ne pouvaient que se suffire à elles-mêmes, et légitimaient la mesure prise par

---

[1] Lisbonne. Arch. de Torre do Tombo, maço 5, bullas n° 2. — Ferreira, *Memorias dos Templarios em Portugal*, II, p. 919.

[2] B.-H. Sanahuja, *Extincion de la orden de los Templarios en la corona de Aragon*, dans la *Revista contemporanea*, vol. LVIII, p. 186.

[3] 20 avril 1313 (Arch. d'Alcala, langue d'Aragon, leg. 714, n° 12).

[4] Bulle *Inter cetera mundi* (Arch. d'Alcala, langue de Castille, leg. 3).

[5] Arch. d'Alcala, langue de Castille, leg. 3.

la cour de Rome en faveur des Hospitaliers [1]. Les souverains
Castillans ne cédèrent pas, et restèrent sourds aux exhortations
de Jean XXII et de ses successeurs Clément VI et Innocent VI ;
l'Hôpital espéra cependant, en 1356, rentrer en possession d'une
partie des biens du Temple à la faveur d'un échange avec ceux
que les ordres de Calatrava, de Saint-Jacques et d'Ucles avaient en
Aragon ; il se flattait aussi d'absorber l'ordre de Montesa, mais
rien ne se fit [2]. En 1366, Urbain V renouvela les plaintes de la
papauté, chargea les évêques de Lérida et de Ségovie et l'abbé
de Psalmodii de les faire parvenir au roi et d'obtenir la délivrance des biens [3]. Eut-elle lieu ? nous l'ignorons, nous savons
seulement que l'échange projeté dès 1356 entre l'Hôpital et les
ordres de Saint-Jacques et de Calatrava se réalisa sous les aus-
pices de l'évêque de Vic, du prévôt de Saint-Didier d'Avignon et
du sacristain de Sarragosse en 1387 et 1388 [4].

Tel fut le sort des possessions du Temple et de leur transmission à de nouveaux propriétaires. L'appât d'un si gros héritage
à recueillir excita plus d'une convoitise, et, cependant, malgré
l'opposition des ambitions déçues, il ne fallut pas plus d'une
dizaine d'années à l'Hôpital pour se faire mettre, par toute
l'Europe, en possession de la plupart des biens du Temple ; un
pareil résultat étonne par sa rapidité.

IV

Le lecteur, en jetant avec nous un rapide coup d'œil sur
l'histoire du Temple, n'a obéi qu'à une préoccupation, celle de
connaître la vérité sur les accusations portées contre lui. C'est
dans cet ordre d'idées qu'il nous a suivi dans cette étude ; à
chaque page il a espéré satisfaire sa légitime curiosité, et s'il
devait tourner le dernier feuillet sans trouver la solution du pro-

[1] Bulle *Literas regias pridem* (Pauli, II, p. 80).

[2] 8 septembre 1356. Lettre du grand maître de l'Hôpital, Roger des Pins,
à fr. Jean Fernandez d'Heredia, châtelain d'Amposte (Arch. d'Alcala,
langue d'Aragon, chatellenie d'Amposte. Reg. capit., IV, f° 26).

[3] Bulle du 24 sept. 1366, *Inter curas innumeras*, 7 nov. 1366. Lettre de
l'abbé de Psalmodii à Pierre, roi de Castille (Arch. de Malte, div. I, vol. 7,
n°s 16 et 17).

[4] Delaville Le Roulx, *Arch. de Malte*, p. 33-4.

blème qui le passionne, il ne nous pardonnerait pas le guet-apens dans lequel nous l'aurions attiré. Et cependant l'historien consciencieux est forcé d'avouer son impuissance. Concluera-t-il avec M. Prutz que les Templiers étaient coupables, ou avec M. Schottmüller qu'ils étaient innocents ? Son embarras est grand ; l'un et l'autre apportent des arguments qui sembleraient sans réplique s'ils reposaient, selon le mot de Descartes, sur des dénombrements entiers et des revues générales ; aucun ne s'avoue qu'il étaye son système sur des faits isolés, sur des exceptions qui dépendent des individus, des milieux qu'ils fré-quentent, de l'éducation et du pays, mais qui n'appellent nulle-ment une loi générale. En présence d'affirmations contraires, quelle attitude prendra l'observateur impartial ? Des deux parts on a soumis à son contrôle quantité de textes, jusqu'alors incon nus [1], dont la valeur et l'intérêt sont incontestables, mais qui n'apportent aucun argument décisif ; on s'est plu à déplorer la perte de nombre d'autres documents qui, assure-t-on, n'auraient pas manqué de terminer le débat. Il eût été plus sage de recon-naître que la question, dans son état actuel, est et sera proba-blement longtemps encore insoluble ; il eût surtout été plus conforme aux règles de la saine critique historique de ne pas chercher à démontrer systématiquement la culpabilité ou l'inno-cence de l'ordre.

Dans ces conditions notre opinion, née de l'examen impartial des faits, ne prétendra pas les expliquer tous ; elle fera la part des contradictions, des défaillances, des anomalies ; elle renon-cera à dissiper toutes les ténèbres et se contentera de deviner la vérité à travers les nuages dont elle reste trop souvent enve-loppée. Elle rendr   en même temps, un éclatant hommage aux efforts des historiens qui, à des points de vue différents, avec plus ou moins d'autorité, de pénétration et de bonheur, se sont consacrés, dans ces dernières années, à l'histoire du Temple, et ont rendu possible la vue d'ensemble que nous avons tâché de donner au lecteur.

Il y a, croyons-nous, une distinction à faire entre l'ordre pris dans son ensemble, et chacun de ses membres considérés indi-

[1] M. Ch.-V. Langlois a, dans un article critique, paru en mai-juin 1889, dans la *Revue historique* (t. XL, p. 168-179), parfaitement indiqué l'apport de documents nouveaux dû aux historiens récents du Temple.

viduellement. L'ordre était innocent, quoique plusieurs de ses membres fussent coupables ; ceux qui voulaient sa chute exploitèrent la confusion qui ne manqua pas de s'établir dans les esprits, et les fautes de quelques-uns entraînèrent la condamnation générale. Il n'est pas douteux qu'il y eut, parmi les Templiers, d'assez nombreuses défaillances. L'inaction dans les commanderies de l'Occident, loin du centre de direction ; le peu de culture intellectuelle, pour ne pas dire l'ignorance de beaucoup, surtout parmi les frères servants ; le relâchement de la discipline dans une compagnie qui, par ses richesses et sa puissance, se croyait tout permis, suffisent à expliquer les cas isolés d'inconduite, d'hérésie, de blasphème qui furent relevés contre les Templiers. Assurément ces cas étaient encore trop nombreux ; mais des provinces entières de l'ordre avaient échappé à la contagion et montraient bien que la corruption ne venait pas d'en haut et n'était pas, pour ainsi parler, officielle. Les Statuts, en outre, sont là pour attester que la doctrine et la morale prêchées par le Temple étaient irréprochables. Si la discipline, si la pureté de la Règle s'étaient altérées, c'est qu'après l'abandon de la Terre Sainte un affaissement général s'était produit, et qu'à la faveur de celui-ci les habitudes coupables dont certains chevaliers furent convaincus, avaient pris naissance et s'étaient développées en toute liberté. Une circonstance à laquelle on n'a pas, jusqu'à présent, accordé l'attention qu'elle mérite, la rareté de la Règle et des Statuts, dont la connaissance était exclusivement réservée aux grands dignitaires du Temple, explique et justifie, jusqu'à un certain point, les faits regrettables qui se produisirent ; aucun Templier, pour ainsi dire, ne connaissant l'ensemble des dispositions auxquelles il était tenu de conformer sa conduite, faut-il s'étonner que plus d'un ait péché par ignorance [1] ?

On a cherché — et ceci se rattache à ce que nous disions de la Règle — à prêter aux Templiers une doctrine secrète, différente de celle qui figure dans la Règle. Rien n'est plus contestable, et s'il n'entre pas dans le cadre de ce travail de réfuter

---

[1] Nous ne connaissons que quatre exemplaires de la *Règle du Temple* ; ils appartenaient, à n'en pas douter, aux commandeurs des provinces. Chez les Hospitaliers, au contraire, les manuscrits contenant la Règle, les Statuts et les Égards étaient très nombreux, et beaucoup nous sont parvenus.

cette opinion, nous n'hésitons pas à nous élever de la façon la plus formelle contre une pareille imputation, que les faits démentent et que le bon sens réprouve [1].

En résumé, les Templiers, dont quelques-uns étaient individuellement coupables, ne méritaient pas la condamnation qui frappa l'ordre tout entier. Celle-ci semble hors de proportion avec les fautes commises ; mais il faut, pour la juger avec impartialité, ne pas oublier que le Temple, par ses richesses et sa puissance, s'était attiré la jalousie et l'envie générales, et que ceux qui étaient le plus acharnés à le perdre s'étaient engagés de telle sorte dans l'affaire qu'ils ne purent ni reculer ni se déjuger.

[1] Prutz, *Geheimlehre und Geheimstatuten des Tempelherren-ordens* (Berlin, 1879, in-8°) ; Loiseleur, *Doctrine secrète des Templiers* (*Mém. de la Soc. arch. de l'Orléanais*, t. XIII, p. 1-227).

N° 506. — Brux., Imp. A. Vromant et Cⁱᵉ, 3 rue de la Chapelle.